AF233264

LIBERTÉ. *ÉGALITÉ.*

PROCÈS-VERBAL

DE LA FÊTE

DE L'AGRICULTURE,

Célébrée dans le Temple de la Piété Filiale, le 10 Messidor, an VII, par l'Administration municipale du douzième Arrondissement du canton de Paris, Département de la Seine.

L'AN sept de la République française, une et indivisible, le dix Messidor, à dix heures du matin, les cit. *Coisnon*, Président de l'Administration municipale du douzième Arrondissement du canton de Paris ; *Fessard*, *Dupont*, *Delonchamp*, *Bertelon*, *Le-Pître* et *Piau*, Administrateurs ; *Chapuis*, Commissaire du Directoire exécutif, et *Gobert*, Secrétaire en chef, se sont réunis au lieu ordinaire de leurs séances pour l'exécution du paragraphe sixième, article

A

premier du titre sixième de la loi du 3 Brumaire, an 4, portant institution de la fête de l'AGRICULTURE, et conformément aux dispositions de la lettre du Département, relative à la célébration de cette solemnité.

Les membres des tribunaux de paix, les commissaires de police, les commissaires de bienfaisance, les membres des conseils de discipline, et les Agriculteurs, sont successivement introduits.

Le Président, sur le réquisitoire du Commissaire du Directoire exécutif, donne lecture de l'acte constitutionnel, en ce qui concerne l'institution des fêtes républicaines; ensemble de la loi et de la lettre du Département susénoncées. Après avoir fait connoître les dispositions du programme, arrêté conformément à cette lettre, dans la séance de l'Administration, le 4 Messidor, présent mois, le Président donne l'ordre du départ.

Les appariteurs avertis, règlent la marche, ainsi qu'il suit :

Un détachement de cavalerie avec son trompette ;

Tambours ;

Corps de troupes de ligne,

Tambours ;

Détachement de garde nationale sédentaire ;

Les drapeaux des trois brigades ;

Corps de musique militaire ;

Grouppe de Cultivateurs, précédant le char de l'AGRICULTURE.

Ce char est découvert ; il est attelé trois chevaux de front : une double draperie à l'antique le décore et retombe de chaque côté, en festons garnis de franges d'or. Il supporte un trophée aratoire, surmonté d'une gerbe ; la charrue, la herse, le van, le crible, la faulx et les autres attributs de l'AGRICULTURE, enlacés par des rameaux flexibles : des touffes de fleurs et des javelles, sont disséminées dans les intervalles, et toutes les parties de ce trophée sont artistement assemblées par des rubans tricolors.

De vénérables Agriculteurs marchent à l'entour. D'une main, ils tiennent des bouquets, ils reposent l'autre sur les bords du char ; et au milieu d'eux, on remarque le citoyen *Lefevre*, membre et secrétaire de la Société d'Agriculture.

Ils sont suivis par des jeunes filles vêtues de blanc, et parées des couleurs nationales.

Les unes portent les parfums qui doivent brûler devant l'autel de la Patrie, les autres tiennent, dans des corbeilles ornées de rubans, les prix destinés aux Cultivateurs; et ces jeunes personnes, choisies parmi celles qui répondent le mieux aux soins de leurs institutrices, ajoutent un nouvel intérêt à cette fête par la décence de leur maintien et leurs graces innocentes.

Un second grouppe d'Agriculteurs, tenant des bouquets où dominent les épis et les fleurs des champs, précède les autorités constituées de l'Arrondissement.

Au milieu d'une double haie de vétérans nationaux, marche l'Administration municipale, accompagnée des officiers de la garde nationale sédentaire des 34.°, 35.° et 36.° brigades, et de ses différens employés. Chaque membre porte également un bouquet analogue à la cérémonie.

La marche est fermée par des déta-chemens de garde nationale sédentaire et de troupe de ligne, et par un piquet de cavalerie.

Le cortège, après avoir parcouru les rues des Noyers, Victor, les Fossés-Victor, de l'Estrapade, Fossés-Jacques, Jacques, et la place du Panthéon, arrive au Temple de la Piété Filiale.

La décoration intérieure annonce la fête qu'on va célébrer. Une tenture de la manufacture nationale des Gobelins représentant des sujets champêtres, orne l'enceinte réservée à la Municipalité. Des guirlandes de fleurs et de verdure sont suspendues entre les colonnes du Temple. En avant de l'estrade destinée aux fonctionnaires publics, est l'autel de la Patrie agrestement décoré ; une vaste gerbe s'élève au-dessus. L'encens fume dans les trépieds antiques, placés à chaque angle des gradins ; des feuillages entremêlés de fleurs ombragent aussi la tribune.

Le cortège entre au bruit d'une marche militaire ; la Municipalité et les fonctionnaires publics vont occuper les places qui leur sont destinées, tandis que les Agriculteurs, les Instituteurs et Institutrices, avec leurs élèves, remplissent les nombreuses banquettes également distribuées sur chacun des bas côtés de l'édifice.

Les officiers de tous grades et les vétérans nationaux environnent l'estrade ; les jeunes filles, placées autour de l'autel et près des trépieds, en entretiennent le feu ; sur la droite, en face de la tribune, les drapeaux reposent derrière la statue de la souveraineté du Peuple.

Aux accens d'une musique guerrière, succèdent des accords plus doux. L'orgue exécute l'ouverture de *Blaise et Babet.* Une artiste chante l'hymne à l'Agriculture ; ensuite un roulement de tambours invite les citoyens au silence. Le président de la municipalité se rend à la tribune ; il commence son discours en ces termes :

« Premier des arts, ô toi, le plus précieux de tous, Agriculture, reçois aujourd'hui nos hommages ! salut !
» À vous, pères nourriciers du genre

» humain dont les mains laborieuses
» entrouvrant le sein d'une terre féconde,
» savent lui dérober les trésors qu'elle
» recèle.

» Ils ne sont plus ces tems où l'avilis-
» sement étoit votre partage ; où le mé-
» pris de castes insolentes payoit d'ingra-
» titude vos utiles travaux. La Liberté
» parut, la nature dégradée reprit son
» empire ; vous reprîtes en même tems
» la place qui vous appartenoit dans la
» société.

» Nos législateurs ont voulu relever
» l'éclat de cette invention divine ; ils
» ont, dans leur sagesse, institué la
» fête que nous célébrons ».

Le président développe alors les rapports
immédiats de cet art avec chacun des autres
états de la vie civile ; et après avoir ainsi éta-
bli tous les motifs qui doivent engager les
citoyens à honorer les Agriculteurs, il s'é-
crie : « Voilà les titres qu'avoient acquis à
» la reconnoissance de leurs semblables,
» les mortels industrieux qui ouvrirent
» les premiers sillons : ils méritoient des
» autels ; leurs concitoyens leur en éri-

A 4

» gèrent. Isis et Osiris chez les Egyptiens,
» Cérès et Triptolème chez les Grecs,
» furent mis au rang des Dieux. Rappro-
» chons-nous des ces grands modèles.
» Révérons et honorons l'AGRICULTURE
» autant qu'elle doit l'être : notre gloire,
» notre bonheur à tous y sont intéressés.

» Les mœurs simples et agrestes de la
» campagne, sont, sans contredit, celles
» qui conviennent le plus à l'homme
» libre ; tant que ces tribus rustiques,
» autrefois si considérables et si consi-
» dérés, furent mises au premier rang
» dans Rome, la République fut floris-
» sante, et le règne de la vertu s'affer-
» mit. Mais quand un poëte borna la
» gloire de ses contemporains au mérite
» de vaincre, ils ne tardèrent pas à suc-
» comber sous le despotisme du vice. Un
» orateur qui connoissoit mieux la puis-
» sante influence de l'AGRICULTURE sur
» les états, en recommanda le respect
» à son fils, et lui en faisoit ce bel éloge :
» *De tout ce qui peut être entrepris ou*
» *recherché, rien n'est meilleur, plus*
» *doux, et enfin plus digne d'un homme*
» *libre.*

» Ils étoient pénétrés de ce grand prin-
» cipe, ils le pratiquoient, ces Serranus,
» ces Cincinnatus qui, tout couverts de
» lauriers, revenoient, au champ de leurs
» pères, déposer le glaive victorieux pour
» reprendre le soc de la paisible charrue.

» Républicains Français, imitez leur
» exemple; que bientôt nos braves dé-
» fenseurs, après avoir versé leur sang
» pour la conquête et l'affermissement
» de la liberté, reviennent seconder,
» de leurs sueurs, le sol paternel; qu'ils
» reviennent nourrir leurs concitoyens
» qu'ils auront vengés : ils seront aussi
» grands dans la paix qu'ils l'auront été
» dans la guerre.

» Félicitons-nous de ce que cette mu-
» nicipalité renferme, dans son sein, des
» citoyens éclairés dont l'active industrie
» et les travaux assidus en culture, ont
» contribué à reculer les limites de cet
» art. Le jardin national des Plantes,
» nous en convainc tous les jours. Mais
» sans citer des noms que l'estime pu-
» blique a suffisamment désignés, je
» m'adresse à tous les Cultivateurs pré-

» sens, à tous ceux de l'arrondissement ;
» et en couronnant trois d'entr'eux, nous
» désirons leur prouver combien nous ché-
» rissons les talens et les vertus qui dis-
» tinguent leur classe intéressante ».

Le Président quitte la tribune et re-
tourne au fauteuil. Les jeunes filles qui
portent les corbeilles, se rangent en haie
sur les degrés de l'estrade. Le Président
proclame les noms des citoyens MASSON,
Cultivateur ; DEGAUCHY, Maraicher ; et
BOULARD, Jardinier fleuriste ; et les invite à monter au bureau. Prenant alors
des mains des jeunes filles, les bouquets artificiels qui leur sont destinés,
« approchez, leur dit-il, estimables
» Citoyens ; venez recevoir le prix que
» vous ont mérité vos travaux, vos
» connoissances et vos sentimens civi-
» ques. Ces fleurs n'auront point un
» éclat passager ; vos fils s'écrieront en
» les contemplant : *Et nous aussi, nous*
» *voulons être dignes de fixer l'attention*
» *de nos concitoyens* ».

Alors les citoyens MASSON, DEGAUCHY
et BOULARD, reçoivent chacun un bou-

quet composé des productions analogues
à l'état qu'ils professent, et le Président
leur donne l'accolade fraternelle au milieu
des acclamations générales et des fanfares
militaires.

La musique exécute ensuite l'air : *Où
peut-on être mieux qu'au sein de sa
famille.*

Après ce morceau, le Président s'avance
au bord de l'estrade, et s'adressant aux
Élèves des différentes maisons d'éduca-
tion :

« Jeunes Citoyens, dit-il, rien n'est
» indifférent dans une République; on
» encourage également l'Agriculteur, le
» Guerrier et le Littérateur. Les moindres
» essais patriotiques n'échappent point
» à la sollicitude d'un Gouvernement,
» ami des arts et des sciences. Le jeune
» Boucher *de Luzarche*, votre cama-
» rade, vous en offre la preuve. Nous
» avons adressé au Ministre de l'Inté-
» rieur, l'*Ode* qu'il a composée en l'hon-
» neur de nos Plénipotentiaires massacrés
» à Rastadt. Voici la lettre que nous avons
» reçue de ce Ministre ».

Paris, le 5 **Messidor**, an 7 de la République française, une et indivisible.

Le Ministre de l'Intérieur,

A l'Administration municipale du 12ᵉ arrondissement du Canton de Paris.

Citoyens, je vous sais infiniment de gré des marques d'estime et d'encouragement que vous avez données au jeune Boucher de Luzarche, élève du citoyen Savouré. Son Ode contre les assassins de nos Ministres de paix, est forte de pensées et d'une poésie soutenue. Je vous prie de joindre mes félicitations aux vôtres, à la première occasion que vous jugerez convenable, et de donner, de ma part, à ce jeune homme, les poésies patriotiques de Chenier, que je vous fais passer avec un Racine, édition stéréotipe. Je n'ai pas besoin de vous engager à donner au jeune Boucher, cette marque de ma satisfaction, de manière que les élèves qui en seront témoins, aspi-

rent à ces sortes de distinctions, d'au-
tant plus flatteuses qu'elles ne seront
jamais prodiguées.

Salut et fraternité,

FRANÇOIS (de Neufchâteau.)

« C'étoit, sans doute, au milieu d'une
» Fête nationale qu'il convenoit de re-
» mettre, au citoyen BOUCHER, la
» récompense que lui a accordée le
» Ministre. Nous sommes persuadés
» qu'elle doublera son émulation, et
» produira aussi les plus heureux effets
» pour celle de ses condisciples ».

A ces mots, le citoyen BOUCHER, qui
étoit présent ainsi que tous les autres
Elèves de la maison *Savouré,* s'approche
et reçoit du Président, les ouvrages
énoncés dans la lettre du Ministre de
l'Intérieur. L'accolade fraternelle lui est
donnée ; des applaudissemens répétés,
prouvent à ce jeune homme la satisfaction des spectateurs.

L'orgue exécute ensuite différens airs
analogues à la cérémonie.

Cette Fête est terminée par la lecture du bulletin des lois, du bulletin décadaire, et par la célébration des mariages, dans la forme prescrite par la loi.

Le Président ayant donné l'ordre du départ, le cortège dirige sa marche par les rues Jacques et des Noyers, jusqu'à celle Jean-de-Beauvais; de retour à trois heures du soir, il fait une station devant l'arbre de la liberté, sous l'ombre duquel le char est resté en dépôt. Le corps de musique exécute pendant cet intervalle, la première strophe de l'Hymne : *Veillons au salut de l'empire*. Alors l'Administration, par l'organe de son Président, a voté des remercîmens aux Autorités, aux Troupes de service et aux Artistes qui, répondant au vœu du Gouvernement, par la prospérité des Institutions républicaines, ont concouru, par leur zèle, à l'embellissement de la fête. Les jeunes Élèves qui y avoient figuré, ont également part à ces félicitations; et leurs Instituteurs sont invités à entretenir, avec soin, dans le cœur de chacun d'eux, ces dispositions civiques.

Immédiatement après ce discours, le chant du départ se fait entendre ; tous les Membres composant le cortège, se retirent successivement avec la force armée, au bruit des tambours et de la musique militaire. L'Administration rentrée, après leur départ, dans la salle de ses délibérations, a dressé le présent procès-verbal, et arrêté qu'il seroit imprimé au nombre de cinq cents exemplaires, pour être adressé aux Autorités constituées, aux Instituteurs et aux Institutrices.

Signé COISNON, *Président ;* FESSARD, DELONCHAMP, LE-PÎTRE, DUPONT, BERTELON, et PIAU, *Administrateurs.*

CHAPUIS, *Commissaire du Directoire exécutif.*

GOBERT, *Secrétaire en chef.*

De l'Imprimerie de BALLARD, rue des Mathurins.

www.ingramcontent.com/pod-product-compliance
Lightning Source LLC
LaVergne TN
LVHW021808030726
842523LV00003B/1276